Dis-nous, dino...

Texte de Didier Lévy
Illustré par Anaïs Massini

Nathan

Aujourd'hui, Mona s'ennuie.

Soudain, elle a une idée :

Elle monte l'escalier quatre à quatre.
Sous ses pieds, les marches
font joyeusement :

Au grenier, tout est en pagaille !

Tout d’un coup, Mona entend
une grosse voix qui bougonne :

Curieuse comme tout, Mona s'approche... Elle aperçoit alors un drôle de truc vert qui file dans un coin du grenier.

Le drôle de truc vert
se cache à toute allure
derrière une armoire.
Et il fait comme si
de rien n'était.
Mona demande :

Le drôle de truc
vert répond :

Mona est furieuse !
Ne te moque pas de moi ! Qui es-tu ?

Le drôle de truc vert montre

le bout de son nez et dit :

Mona n'aime pas qu'on la prenne pour une imbécile.

Achille réplique :

Mona lève les yeux au plafond
et soupire :

Achille baisse piteusement la tête :

Mona s'approche

et dit doucement :

Une souris, très intéressée, sort de son trou et dit :

Un oiseau, qui s'est posé sur le rebord de la fenêtre, ajoute :

Achille est surpris et flatté.
Vraiment, cela vous intéresse ?

D'autres animaux surgissent
d'un peu partout,
et tous en chœur,
ils s'exclament :

Achille toussote et il commence :

Au fur et à mesure qu'il raconte son histoire, un étrange phénomène se produit. Mona s'écrie :

Sous le poids du dinosaure,
le plancher de la maison
fait plaintivement :

Et le toit fait :

BOUM !

Achille se met à sangloter :

Mona répond :

Ce n’est pas grave, Achille, on en bâtira une autre. Continue !

Jusqu'au soir, Achille raconte son histoire
À la fin, tout le monde applaudit, heureu
d'avoir appris tant de choses.

C'est alors qu'un étrange phénomène
se produit à nouveau.

Achille sourit et dit :

Rencontrer un dinosaure vert,
ce n'est déjà pas très courant,
mais rouge, là,
c'est vraiment le pompon !

Dans la collection Petit Tandem

1 A... ami ?
Texte de Didier Lévy
illustré par Céline Guyot

2 Paco, tu m'as volé ma clé !
Texte de Bishop
illustré par Jérôme Ruillier

3 Momo répare les pannes
Texte de Christian Lamblin
illustré par Vincent Bergier

4 Caporal Pipo, salut !
Texte de Arturo Blum
illustré par Christophe Merlin

13 Maman sera ravie !
Texte de Christian Lamblin
illustré par Sébastien Mourrain

14 Je vole comme une patate !
Texte de Didier Lévy
illustré par Anouk Ricard

15 Vite, Rator est là !
Texte de Guy Jimenes
illustré par Isabelle Merlet

16 Kiki sort du nid
Texte de François Fontaine
illustré par Clément Oubrerie

19 J'adore le jus de rat !
Texte de Christian Lamblin
illustré par Ronan Badel

20 L'usine à bisous
Texte de Gilles Massardier
illustré par Emiri Hayashi